Naiem Ahmadinejadfarsangi

Miracle de l'amour

Naiem Ahmadinejadfarsangi

Miracle de l'amour

Le meilleur livre du Festival de Morelin

Éditions Muse

Imprint
Any brand names and product names mentioned in this book are subject to trademark, brand or patent protection and are trademarks or registered trademarks of their respective holders. The use of brand names, product names, common names, trade names, product descriptions etc. even without a particular marking in this work is in no way to be construed to mean that such names may be regarded as unrestricted in respect of trademark and brand protection legislation and could thus be used by anyone.

Cover image: www.ingimage.com

Publisher:
Éditions Muse
is a trademark of
Dodo Books Indian Ocean Ltd. and OmniScriptum S.R.L publishing group

120 High Road, East Finchley, London, N2 9ED, United Kingdom
Str. Armeneasca 28/1, office 1, Chisinau MD-2012, Republic of Moldova, Europe
Printed at: see last page
ISBN: 978-620-4-96495-9

miracle de l'amour

Naiem Ahmadinejadfarsangi

Table of Contents

première rencontre

Nous nous sommes rencontrés ce jour-là

Nous apprenions à nous connaître

En espérant faire quelque chose

nous nous sommes rencontrés

Malgré la longue distance qui nous sépare

Nous avons passé du temps ensemble

De beaux moments de partage et d'émotions

J'espère qu'une autre réunion aura lieu

d'autres fois

Des instants à graver dans les coeurs

pour toujours Malgré la distance qui nous sépare

Depuis ce jour, j'ai trouvé mon destin

Je profite de chaque instant avec toi

Tu es la plus belle rencontre de ma vie ensemble

Nous créons notre propre paradis.

raison du bonheur

Tu es mon rayon de soleil

Mon étoile brillante dans le ciel sombre

Le pouvoir qui me donne de l'espoir

La raison de ma résistance

Mon présent et mon avenir

Le sang qui alimente mes veines

Un ange qui me regarde du fond du coeur

Tu es la raison de mon bonheur

Tu es la mélodie de mon doux amour

Un arc-en-ciel, qui donne de la couleur à ma vie

La douceur de mes jours et de mes nuits

Tu es la seule raison de mon bonheur.

merci

J'ai senti mon cœur troublé

Les jours passent à nouveau

Comme avant, plein de tristesse

merci

J'ai encore parlé d'amour

voir ton sourire

En contact avec votre âme pure

merci

je comprends tous les jours

Les beaux moments de la vie à nouveau

Je t'aime à nouveau

Merci .

attendre la mort

La mort attend

est à côté de moi

Pages de ma vie

Il tourne

La mort sourit à mon chevet

défie moi

Pour recommencer ma vie

Pour effacer tous les soucis

Le murmure de la mort à côté de moi

Le début est très difficile

Les chagrins durent

Si l'âme n'est pas pure

La mort hésite à mon chevet

Son regard est triste

devant lui

Personne ne m'aide

La mort pleure à mon chevet

Il déplore mon malheur

Cependant, c'est mon heure

Partir sans bonheur

La mort à mes côtés dit

je fais mon devoir

Parce que tout est fini pour toi.

Mes nuits lumineuses

Ton image est gravée dans ma mémoire

Je voulais te fuir, te sortir de ma vie

Mais partout où je vais, je ne pense qu'à toi

Et pourtant tu ne sais pas à quel point je suis amoureux...

Ta démarche très légère m'envoûte

Tes cheveux longs, emportés par le vent

Et sur tes épaules ça accentue le charme

Avec une aura dorée d'un autre temps...

J'aime ton sourire, il illumine ton visage

Et la voix, ta voix qui a secoué mon cœur

Comme une chanson de sirène

je dois rester raisonnable

De peur que je ne succombe à de nombreuses gloires

Ton regard a pénétré profondément dans mon âme

Tes yeux brillants ont changé toute ma vie

J'adore ton beau collier qui exauce mes fantasmes

Tes dents brillantes illuminent mes nuits.

sous la pluie

Un jour tu es venu dans mon jardin secret

Sous la pluie de roses, aux allées fleuries

Tu m'as donné une main prudente et un baiser

Mais je me suis réveillé et tu étais parti...

Peut-être qu'un jour tu liras ce poème

Il n'est jamais trop tard pour exprimer ses sentiments

Je voulais juste te dire : je t'aime

Comme pourrait vous le dire un jour un prince charmant.

Le meilleur moment d'amour

Le meilleur moment d'amour

Pas quand tu as dit "Je t'aime"

Il est silencieux

Silence fragile

Il est enthousiaste

Où la main tremble

Sur la page que nous tournons

Cependant, nous ne dormons pas

Une montre unique qui ferme la bouche

Où le coeur s'ouvre

Très peu comme Rose

Où le parfum des cheveux seul

Il me rend fou

Montre à l'élégance subtile

Où les confessions sont respectées.

L'odeur des roses

Les nœuds étaient cassés. La rose est partie

Dans le vent, dans la mer tout a péri

Ils ont cherché de l'eau, pour ne jamais revenir

La vague avait l'air rouge et comme enflammée

Mes vêtements sont encore tachés ce soir...

Respirez le parfum de la mémoire sur moi.

Piment du Japon

J'aime voir ta beauté

J'aime te voir libre et souriant

Comme cette belle comète

Qui se déplace dans l'espace?

d'un endroit à un autre

J'aime voir ton visage transparent

Comme la foudre

dans un ciel noir

Je voudrais voir ton coeur blanc

Sans peur ni émotions

Comme la couleur de la glace

J'aime voir ta beauté

Coloré et émotionnel

Comme la peinture d'Isabelle

Je voudrais voir ton espoir

blanc et lumineux

Comme quelqu'un qui te sort du couloir

J'aime te voir

caresser de mes mains

Ta gentillesse et ta pudeur .

tes yeux

Tout pour eux

à tes yeux

Ce qui m'appartenait

Et tout ce destin est pour moi

Tout ce que j'ai perdu

Tout ce qui restait

Ce que j'ai souhaité

Et ce que j'ai chanté

Tout pour eux

à tes yeux...

je crois en eux

je leur pardonne tous

Et même si je meurs à cause d'eux

J'écris les hymnes pour eux

mes poèmes

Aimer

C'est toute ma vie

Un cadeau pour eux

à tes yeux...

Ma vie avec toi

Mes mains te cherchaient la nuit

Mais il n'y a personne près de moi

J'attends un peu et me dis

Tu combleras ce vide

Toute ma vie j'ai rêvé d'avoir quelqu'un comme toi

Et mon souhait s'est réalisé

Je ne peux pas te quitter aujourd'hui

Rempli mon coeur de joie

Il a fait de ma vie un paradis

Toute ma vie, ton amour est gravé en moi

Et merci pour tout ça .

Mères fragiles

Mères fragiles

je n'y croyais plus

Tu es venu

j'ai été très blessé

Je ne voulais plus tomber amoureux

Mais avec ta patience

Respecter mon silence

Tu as arrangé mes caresses

Tu as planté mon coeur

Pour le bonheur

Aujourd'hui, je ne regrette rien

je vais continuer avec toi

La vie est belle avec vous

Et cette façon dure toujours!

mon bonheur

mon ami

Je n'ai qu'à te regarder

pour moi de rêver

Parce que je te regarde dans les yeux

Et je vois qu'un ciel bleu est apparu

Même les jours de pluie et d'orage

Je t'écoute sans que tu parles

Tes yeux ne peuvent rien me cacher

J'aime quand on rit.

Quand nous sommes laissés dans nos délires.

Je ne pense plus à rien avec toi

Sauf pour la chose stupide que nous faisons le lendemain

je te connais par coeur

volontiers pour la vie

Et c'est ce qui me rend heureux .

belle vie

Une vie pour une vie

Un coeur pour un coeur

Un sentiment pour un sentiment

L'excitation pour l'excitation

Le monde des mots qui s'échappent de la vie

je portais du noir

Parce que c'est ce que je ressens à l'intérieur

Si seulement tu pouvais voir en moi

Si seulement tu peux me rencontrer

je n'ai pas beaucoup de vie

Mais prends-le, c'est à toi

voler ou courir?

La vie est belle et dure

Certaines personnes abandonnent sans regret

Larmes et respect pour ceux qui acceptent la mort

Sourit-on quand la mort nous noie?

Sourions mieux quand la mort nous noie

Parce que ça rassure nos proches

Peut-être que cela prouve que notre vie était belle ?

Un océan d'amour

Si la nuit était cachée

Je grimpais les étoiles aveugle et nu

Pour arriver à un endroit où personne n'a d'opinion

Où tout est possible

Les stars, fidèles compagnes de nos émotions

Éclaire nos pas

Ta présence fait chanter les anges

Ô jour ! Ne termine pas la nuit

Doux miel sur mes lèvres

Amirs qui errent en moi

La douce rosée d'un bouton floral

Une belle fleur épanouie, le parfum d'un amour naissant

Les secrets de l'oreiller Quelques baisers volés

Je serai inspiré par le vent côtier, cette grande brise

Un océan à aimer...

mon trésor

je suis une feuille dans le vent

Un ruisseau qui suit son cours

Herbe verte de printemps

Le jour pâlit

je fleuris dans ton jardin

Dans la douceur de l'été

Et la rosée du matin

Dans le désert

et couleurs d'automne

Gouttes du ciel un jour de pluie

Et la tempête qui résonne

Dans la chaleur de nos nuits

je suis la neige de l'hiver

Et l'étoile du berger

Et froid comme la pierre

Dans des contrées lointaines

Sans changement, je suis la vie

Au fil du temps

Ton soleil de midi

L'immensité de l'espace

Mais je suis bien plus

Quand je suis dans tes bras

Parce que tu es mon seul trésor .

Amour éternel

Dans son silence

Dans tes non-dits

à ma distance

On s'est compris

nous rencontrons

Dans ce chemin incertain

destin

Nos deux expériences

Nos deux histoires

se perdre

dans notre espoir

Les deux étaient liés

par un sujet invisible

Un esprit mitigé

un amour éternel .

Le langage de l'amour

Je te parlerai dans le langage des fleurs

Celles qui s'ouvrent à l'aube

Comme une goutte de rosée

Je te parle avec un accent océanique

quand ça fait des vagues

En caressant doucement le bord des beaux sables

Je te parlerai sans rien dire

Et dans ce silence

tu vas me comprendre

je te parlerai avec mes yeux

Mon coeur te parlera

Il vous dira

Le reste des mots qui ne viennent pas

Je t'expliquerai tous les mots d'amour

Et s'ils s'épuisent

Je vais t'inventer de nouveaux mots

Je créerai le langage éternel

Des mots indéniables .

La première séance

Aux premières lueurs du jour

Mon esprit engourdi et endormi

Pensée de promesses d'amour

Et il sentit leur mélodie.

Le grand jour est arrivé.

Au bel automne

Le moment magique que j'attendais

J'ai ouvert mon cœur monotone.

Tes yeux se sont posés sur moi

Nos deux mains se sont alors emmêlées

Le premier sourire inoubliable

Le premier baiser doux et doux.

Et le souvenir de l'amour reste dans mon coeur

De ta caresse, de mon désir

avec toi ma chérie .

comme une perle

Belle, comme un doux et chaud rayon de soleil

Comme une perle, de l'eau sur une tige de fleur

Encore plus beau que le plus bel arc-en-ciel

C'est toi, mon amour, qui mets le feu à mon cœur.

Belle, comme une rose, léchée de rosée

Belle, comme le lever du soleil à l'heure

Dans les montagnes enneigées .

Aimer

Aimer,

C'est ce que je ressens pour toi en ce moment.

Ce n'est pas de l'excitation.

C'est calme.

C'est la vérité, la vérité absolue

je ne peux plus vivre sans toi

Tu me manques chaque fois que tu es absent

Oui, l'amour c'est savoir

Que tu fais partie de mon passé, présent et futur.

première fois

La première fois que je t'ai vu

J'avais l'impression de te connaître depuis toujours

Je pense que pendant cette "première fois"

J'étais déjà, inconsciemment, amoureux de toi

De ce fameux jour

Cette passion s'est tue en moi

Et mon coeur est parti partout

pour que ton amour puisse le "palaiser"

Je n'ai jamais cessé de t'aimer tout ce temps

Et je pense à toi chaque jour à chaque instant.

Mystère

Mon âme a un secret, ma vie a son secret

L'amour imaginé en un instant:

Le mal est sans espoir, alors il l'a éteint

Et celui qui l'a fait ne l'a jamais su.

Hélas! Je m'approchais de lui malgré tout

Je suis toujours avec lui et en même temps seul.

J'ai fait mon temps sur terre jusqu'au bout

Je n'ai rien osé demander et je n'ai rien obtenu

Pour lui, bien que Dieu l'ait fait doux et doux

Il suit son chemin distrait, distrait et inouï

En lisant ces lignes pleines de tristesse, il dit:

qui est cette femme Et il ne saura pas qui c'est !

Amoureux

je suis le plus bel amant

Ô vous qui vivez sous le ciel:

Contre toutes tes fausses jalousies

Je vous soutiendrai pour qu'il en soit ainsi.

souhait

Te désirer me tue

Tu es toujours dans mes pensées

jour et nuit Ta photo

Sculpter entre mes paupières

C'est la lumière de mes yeux

Tes yeux appellent mes yeux

Tes mains... serrent mes mains

Tes chuchotements... frappent mes oreilles

bébé

Est-il possible que des distances nous séparent?

Les gémissements nous ont réunis

Ô toi qui as eu mon coeur et ma joie

Ô amour et mon monde

Jamais

Jamais .

Vérité

Comment est-ce possible

Les doux rêves que j'avais quand j'étais jeune

fleurir

Ils sont apparus comme une vérité

Une vérité pleine de bénédictions et de surprises

Une vérité pleine d'amour et de compassion

Une vérité tonitruante

Mais ton amour a rempli tous mes rêves

Maintenant que tu es à mes côtés, je suis satisfait

Parce que mon rêve est devenu réalité, tu ne vois pas?

Je n'ai jamais abandonné mon rêve

j'ai continué

parce que je savais

Attendre le véritable amour vaut la peine d'attendre

Maintenant tu es là, et mes rêves se sont réalisés.

Pensée

Mes pensées pour toi sont comme des gouttes de pluie sur des fleurs...

Beau.

Mes pensées à toi sont éclaboussées comme un arc-en-ciel dans une cascade...

Beau.

Mes pensées à ton sujet sont comme une pleine lune, brillant dans un ciel nocturne nuageux...

Beau.

Peu importe ce que mes yeux ont vu,

je ne vois rien de beau

quand je te regarde

Mon amour pour toi est magnifique.

soleil brillant

Tu es mon brillant soleil de minuit

Une bougie allumée est mon guide

Tu es l'étoile la plus brillante que j'aie jamais vue

Même les jours sombres et nuageux

Tout ira bien

Quand le soleil de minuit me touché .

jour mémorable

Tu seras exposé à l'amour un jour

Doux comme la rosée ou pointu et insouciant comme la pluie

Les rayons du soleil brillent sur ta peau

La brise souffle dans vos paroles surprenantes...

mais encore,

Tu ne peux pas venir, comme une fille dans un rêve

Mais nous pouvons traverser le monde

Et faire une photo

Comme un film plein d'espoir et une journée memorable .

Doute

Je l'aime à la folie:

Dois-je t'écrire que je t'aime à la folie?

comme une apparition dans ma vie

Idéal de beauté et d'humilité.

Je dois écrire que je l'aime à la folie,

Dois-je dire que je lui donnerai ma vie?

Je suis amoureux de ses yeux,

si belle qu'elle me donne des ailes,

Une image sainte que je veux admirer.

Nul doute que je l'aimerai pour toujours.

Y a-t-il encore un doute pour moi ?

Je t'aime

Je t'aime... pour la vie

Je t'aime... aime le temps

Je t'aime... le temps pour un ami

je t'aime pour toujours

Je t'aime... le temps du sourire

Je t'aime... le temps des larmes

Je t'aime... temps de souffrance

Je t'aime... moment de bonheur

Je t'aime... il est temps d'errer

Je t'aime... il est temps de pardonner

Je t'aime, il est temps de mourir

Je t'aime... il est temps de dire "Je t'aime"!

Je t'aime... il est temps de chanter "Je t'aime"!

Je t'aime... il est temps de se rappeler "Je t'aime"!

Je t'aime... pour une nouvelle vie

Je t'aime... le temps, le temps d'être "à toi" pour toujours .

Je te redis je t'aime

Est-ce que je leur ai dit que je t'aimais?

Comment ne pas dire que je t'aime...

Je leur ai dit combien je t'aime

Encore une fois, redis que je t'aime...

Je t'aimais hier, je t'aimerai demain

Maintenant je veux t'aimer à nouveau

Dis-moi, dis-moi, oui dis-moi la vérité...

Pourquoi est-ce que je t'aimais tant?

Ici je leur ai dit que je t'aime

Je suis venu te dire que je t'aime

T'ai-je assez dit que je t'aime?

Je te redis que je t'aime...

dis moi je t'aime

Oh je t'aime

dis moi je t'aime

Avec un sourire qui me laisse sans voix

attachement à mille désirs,

Emmène-moi dans tes rêves illicites

jeu de mains

Ce seront les cadeaux les plus intimes

Je me suis permis d'une voix calme

Lui dire : je t'aime et l'embrasser

Avec un grand sourire, il pousse

je vous aime aussi

Je t'aime, printemps, été, hiver, automne

Quand les fleurs naissent avec les oiseaux

Ta voix belle, douce et chaleureuse chante

Un sentiment atteint mes os je vous aime aussi .

Indicateur

Avec un feutre rose, j'ai dessiné un gros coeur

J'ai écrit ton prénom dessus avec un feutre noir

J'ai colorié les lettres avec un feutre vert

Je le souligne avec un marqueur bleu

Avec le marqueur jaune, j'ai convoqué de nombreuses étoiles

Avec un sentiment violet, je les relis un à un

J'ai écrit le mot je t'aime avec un marqueur rouge

Avec un sentiment plein d'amour, je veux ta main

Je tiens ton coeur avec mes mains

Tu prendras ma vie avec ton Coeur .

Je t'aime

Je t'aime

Comme le coucher du soleil

comme la mer

quand ça coule

Dans l'éternité!

Je t'aime

comme la terre ferme

aime la pluie

quand ça donne la vie

A son corps assoiffé!

Je t'aime

comme un prisonnier

amoureux de la liberté

Quand il décrit ses rêves

De leur beauté unique!

Je t'aime

Comme un héros soldat

Le Patriote

Quand il lui donne sa vie

Pour protéger la patrie!

Je t'aime

Alors que nous courions sous la pluie,

Mais nous regardons les chutes de neige!

Je t'aime

Alors que nous sourions à la lune,

Mais on admire un arc-en-ciel!

Je t'aime!

Reference

-L'amour est beau par Naiem ahmadinejadfarsangi

-L'amour est un beau rêve par Naiem ahmadinejadfarsangi

-Toi et moi de Naiem ahmadinejadfarsangi

-Cet amour fou de Naiem ahmadinejadfarsangi

- Mon rêve inachevé de Naiem ahmadinejadfarsangi

Printed by Books on Demand GmbH, Norderstedt / Germany